beck **sche** reihe

b**sr**

Im November 1998 wurde der Geschwister-Scholl-Preis an Saul Friedländer für sein Buch „Das Dritte Reich und die Juden 1933–1939" verliehen. Die Rede des Preisträgers und die Laudatio von Jan Philipp Reemtsma – beide vielbeachtet – werden hier veröffentlicht. Der Band enthält außerdem die Ansprachen von Andreas Heldrich, Christian Ude und Christoph Wild, die bei der Preisverleihung gehalten wurden.

Saul Friedländer
Jan Philipp Reemtsma

Gebt der
Erinnerung Namen

Zwei Reden

Mit den Ansprachen von
Andreas Heldrich, Christian Ude
und Christoph Wild

Verlag C.H. Beck

Die Deutsche Bibliothek – CIP-Einheitsaufnahme

Saul Friedländer:
Gebt der Erinnerung Namen. Zwei Reden : Mit den
Ansprachen von Andreas Heldrich, Christian Ude und
Christoph Wild / Saul Friedländer ; Jan Philipp Reemtsma –
München : Beck, 1999
  (Beck'sche Reihe ; 1308)
  ISBN 3 406 42108 3

ISBN 3 406 42108 3

Umschlagbild: Jan Philipp Reemtsma und Saul Friedländer
(Foto: Stefan Moses)
Umschlaggestaltung: Groothuis + Malsy, Bremen
© C. H. Beck'sche Verlagsbuchhandlung (Oscar Beck), München 1999
Gesamtherstellung: C. H. Beck'sche Buchdruckerei, Nördlingen
Gedruckt auf säurefreiem, alterungsbeständigem Papier
(hergestellt aus chlorfrei gebleichtem Zellstoff)
Printed in Germany

Inhalt

Die Reden

Jan Philipp Reemtsma

Laudatio für Saul Friedländer

anläßlich der Verleihung
des Geschwister-Scholl-Preises

Was wollen wir wissen? Von welchen Zeiten das Ge-
schichtsbuch auch handelt: wie es gewesen ist. Aber
warum? Thukydides sagt uns: um das zu erkennen, was
hinter den Kulissen der bloßen Erscheinung steckt.
Warum ist etwas geschehen? Man kann auf die Tatsachen
verweisen, die Abläufe, die Oberfläche des Geschehens –
„di ho ti" sagt Thukydides –, aber das reicht nicht, man
muß dem wahren Grund auf die Spur kommen – „ale-
thestate prophasis". Thukydides erfindet diese für die
Geschichtsschreibung so folgenreiche Unterscheidung
zu derselben Zeit, in der Platon seine Ideenlehre erfindet.
Es geht in beiden Fällen im Grunde um dasselbe: die
Unterscheidung von Erscheinung und Wesen. Jene hat
man verstanden, wenn man dieses erkannt hat.

Wie kommt man darauf, die Welt verdoppeln zu müssen, um sie erkennen zu können? Beide Theoretiker haben
auf dasselbe Ereignis reagiert, ein Ereignis, das beide als
katastrophal erlebten: den Peloponnesischen Krieg und
den Zusammenbruch Athens. Dies sei, so Thukydides, der
größte Krieg gewesen, den die Menschen geführt hätten,
darum habe er über ihn und wie es zu ihm kommen konnte, geschrieben, und er beginnt sein Buch mit dem Nach-

weis, daß der Krieg den bisher für den größten gehaltenen, den Trojanischen, in jeder Hinsicht überboten hätte.

Sowohl die Erfindung der Erkenntnistheorie durch
Platon wie die so weitreichende Unterscheidung zwischen
Anlaß und wahrer Ursache durch Thukydides dienen der
Beruhigung angesichts einer Katastrophe. Katastrophen
sind für ihre Zeitgenossen Erfahrungen der Instabilität
der Welt. Sie überfordern das Sensorium der Betroffenen,
sie vermitteln ein Gefühl des Entgleitens der Welt. Erkenntnistheorie in der Nachfolge Platons und Geschichtsschreibung in der Nachfolge des Thukydides aber sagen,
daß die Welt an sich selbst nicht unstabil sein kann, unserem Begreifen nicht entgleiten kann, zwar mag sie sich
unserem Handeln nicht fügen – zwar mögen wir in ihr
auch untergehen –, aber an sich ist sie ein gefügter Ort.

Dieser Grundgedanke – daß es, wie immer es gekommen ist, doch immerhin hat so kommen müssen und
nicht der schiere Zufall gewesen ist – die Götter würfeln
nicht und die Willkür derjenigen, die die Macht haben,
ist nicht grenzenlos – dieser Grundgedanke, der aus der
psychischen Verfassung des Menschen rührt, den Gedanken an einen bösen Dämon für erträglicher zu halten
als den, daß Gott ein spielendes Kind sei, hat eine große
abendländische Karriere hinter sich, die ich hier nicht
nachzeichnen kann. Erwähnt sei nur so viel, daß er in
seiner imponierendsten Form – als Geschichtsphilosophie – nicht nur mithalf, stattgehabte Greuel der Welt-
geschichte zu ertragen, sondern auch noch diejenigen
schönzureden, die anzurichten man sich erst anschickte.

Eine solche Denkweise ist aber auf die Dauer nur ak-
zeptabel, wenn sie mit einem Versprechen verbunden ist:
dem, daß es irgendwie besser werde. Daß die Erkenntnis,

die hinter die Kulissen schaut, dort irgendwann und -wie etwas erblickt, was erfreulicher ist als die Kulisse. Geschichtsschreibung und Erkenntnistheorie können für sich ohne ein solches Versprechen auskommen, ihre Kombination kann es nicht. Der, mit Hegel, notwendige Gedanke, der entstehe, nicht auch, sondern gerade wenn „wir die Geschichte als Schlachtbank betrachten, auf welcher das Glück der Völker, die Weisheit der Staaten, und die Tugend der Individuen zum Opfer gebracht werden", der Gedanke, daß „diese ungeheuersten Opfer" einem Endzweck zum Opfer gebracht worden sind, ist in der zweiten Hälfte dieses Jahrhunderts um seinen Kredit gebracht. Geschichtsphilosophie, dieser große Versuch der europäischen Moderne, sich selber einzureden, sie befinde sich auf dem ebenso richtigen wie erfolgreichen Weg aus einer Welt der Gewalt in eine Zukunft der Gewaltarmut, wenn nicht -freiheit, hat die Erschütterung durch den Ersten Weltkrieg und ihre Widerlegung durch Auschwitz nicht überlebt. Wir sollten, wir können ihr nicht einmal nachtrauern.

Aber gerade angesichts ihrer Widerlegung hinterläßt sie uns ein Problem: wie ist es denn zu dieser ungeheuren Destruktivität dieses Jahrhunderts gekommen? Was machen wir denn angesichts der Tatsache, daß nicht nur mißlang, was das eingeborene Versprechen unserer Moderne war, sondern – im Gegenteil – unser Jahrhundert Greuel an den historischen Tag gelegt hat, von denen andere Jahrhunderte – man vergleiche seine Realitäten mit den düstersten Phantasien der Pessimisten des 18. Jahrhunderts – sich nichts haben träumen lassen? Wir delegieren diese Beunruhigung an die Fachleute, an Historiker und andere Sozialwissenschaftler. Wir wollen wissen, wie es gewesen ist, und wir wollen wissen, wie es hat kommen können, wie es möglich gewesen ist und warum es so hat kommen müssen.

Gewalt entsetzt uns, aber nur eine bestimmte Sorte von Gewalt beunruhigt uns in unserem Weltverständnis. Daß es Bosheit und Grausamkeit gibt, wissen wir, wir sind Realisten. Wenn aber Gewalt und Destruktivität ein bestimmtes Maß überschreiten, fragen wir uns, ob das Bild, das wir von der Welt entwerfen noch stimmt. Wir sind nicht nur entsetzt, sondern in unserer Weltwahrnehmung verstört, wenn wir auf „sinnlose Grausamkeit" stoßen. Wir wissen – wir sind moralisch empört, aber nicht in unserer Weltwahrnehmung verstört – wenn Menschen um ihres Vorteil willen andere quälen und zerstören. Aber wenn die Grausamkeit, der Mord nicht in der Zwecksetzung aufgeht? Wenn der Sklave nicht nur ausgebeutet wird, sondern man ihn im Straßengraben verrecken läßt, auch dann, wenn mit ein wenig besserer Verpflegung die Straße hätte zu Ende gebaut werden können? Wenn der Güterwagen, den man hätte anderweitig im Rahmen der Selbstverteidigung nötig brauchen können, dazu verwendet wird, Menschen, von denen man nichts zu fürchten hat, an einen Ort zu fahren, an dem sie ermordet werden? Wenn ein Möchtegernweltreich endlich, nachdem vier Armeen gegen es aufgeboten worden sind, kapitulieren muß, sein Diktator vor dem Selbstmord, der ihm den Galgen erspart, zu Papier bringt, man habe der Welt sonst nichts hinterlassen, aber dies eine habe alle Anstrengungen gelohnt: einen apokalyptischen Massenmord um seiner selbst willen? Hier sind wir nicht nur moralisch entsetzt, sondern wir fühlen, daß unser Entsetzen irgendwie inadäquat ist. Es ist für andere Fälle vorgesehen, weniger monströse, und deshalb möchten wir Erklärungen. Erklärungen, die es erlauben, mit unserer Verstörung umzugehen.

Wo wie im Falle so extremer Destruktivität unsere Zuordnung von Zwecken und für möglich gehaltenen Mitteln nicht mehr funktioniert, und wir um Erklärungen bitten, gibt es zwei Möglichkeiten. Die eine ist, die Täter zu pathologisieren. Wer verrückt ist, dem ist alles zuzutrauen, und dessen Taten, seien sie noch so entsetzlich, bringen mein Weltbild nicht in Schwierigkeiten. Die zweite ist, einen Zweck zu finden, dem diese entsetzlichen Taten doch in einsehbarer Weise gedient haben. Beide Versuche sind im Falle des Nationalsozialismus gemacht worden, und beide sind nicht erfolgreich gewesen.

Die Pathologisierung der Täter hat sich spätestens seit Arendts Eichmann-Buch als untauglicher Erklärungsversuch erwiesen. Die Suche nach einem verborgenen Zweck hat zwar für die Historiographie des Nationalsozialismus zu sehr interessanten Einsichten in die Komplexität dieses Vorgangs, aber nicht zu einem besseren Verständnis des Vorganges selbst geführt – denn am Ende jeder Einzeluntersuchung stand das Anfangsproblem: auch wenn ich die Rolle der Bevölkerungspolitik, der Wirtschaft, der Raumplanung etc. betrachte und für entscheidend erachte, steht am Ende die Frage, die am Anfang stand. Es bleibt dann nichts, als den angenommen Zweck selber zu pathologisieren – eine Art Verstörungstransfer: ich frage zum Beispiel nicht mehr nach den Ärzten in Auschwitz, sondern sage, so sei die Medizin eben, wenn man sie lasse. Das ist sicherlich nicht in toto beruhigend, aber ein wenig doch, denn ich weiß nun den Ort, an dem ich – psychoanalytisch gesprochen – meine Beunruhigung agieren kann.

Das Scheitern beider Möglichkeiten der Erklärung an der Wirklichkeit und an dem neben dem Wunsch nach Erklärung und Beruhigung eben auch vorhandenen Wunsch, *nicht* ganz beruhigt zu werden, hat die Geschichtsschreibung des Nationalsozialismus in spezifische Probleme gebracht. Man kann sie an dem Umstand erkennen, daß sich Versuche, den Holocaust zu erklären, immer mit dem stets möglichen und oft ja auch erhobenen Einwand auseinandersetzen müssen, sie verharmlosten das Geschehen. Nun kann man aber sagen, daß das Bedürfnis nach Erklärung historischer Ereignisse eben genau in dem Wunsch besteht, Geschichte weniger beunruhigend, harmloser aussehen zu lassen. Im Falle des Nationalsozialismus kollidiert dieser in der Regel unbewußte Wunsch aber mit der meistens ebenso unbewußten oder doch allenfalls diffusen Einsicht, wir könnten uns die Befriedigung dieses Wunsches nicht leisten. Zwar ist, wer vergißt, durchaus nicht verurteilt zu wiederholen – das ist Unsinn –, aber in dieser oft wiederholten Maxime steckt in diesem Falle die Einsicht, daß eine erfolgreiche Strategie der historiographischen Beruhigung die Katastrophe verlängern könnte. Die Zerstörung der Ideale der Moderne könnte zur Billigung ihrer Zerstörung werden, wenn wir den historiographischen Dreh fänden, uns über die zu beruhigen.

Dieses Dilemma hat zu den bekannten Debatten geführt, die stets aporetischen Ausgang hatten: Intentionalisten versus Funktionalisten, monokausale versus multikausale Erklärungen, Erklärungen, die die Rationalität und solche, die die Irrationalität des Massenmords hervorhoben und so weiter. Man kann in Analysen dieser aporetischen Debatten zeigen, wie sich in ihnen das Dilemma des widersprüchlichen kollektiven, zwar nirgendwo niedergelegten, aber nichtsdestoweniger nachdrücklichen Auftrags an die Geschichtsschreibung zeigt.

Dieses Problem zeigt sich aber nicht nur in den großen Kontroversen, sondern vor allem in einem spezifischen Problem, das sozialwissenschaftliche Erklärungsmodelle immer haben, das aber im Falle der Analyse der nationalsozialistischen Vernichtungspolitik besonders ins Gewicht fällt. Erklärungen haben ein Problem mit den Kategorien Zufall und Willkür. Wo jemand sagt, dies sei geschehen, weil es eben zufällig so gekommen sei, oder diese Tat sei geschehen, weil der, der sie begangen hat, sie eben so gewollt habe, kann man ihm entgegenhalten, er lasse etwas unerklärt. Erklärungen, ob sie nun nach Thukydideischer Manier nach Wirkkräften im Rücken der Akteure suchen, oder ob sie sich nur bemühen, möglichst vollständige Geschichten erzählen, scheinen dazu verurteilt zu sein, das, was sie darstellen, gleichsam abzudichten gegen Zufall und Willkür. Diese sind Lücken in der Darstellung, die es zu schließen gilt.

Zufall und Willkür markieren die Stellen, an denen es auch hätte anders kommen können. Eine Erklärung ist um so überzeugender, scheint es, je deutlicher sie zeigt, daß es nicht hat anders kommen können. Wo ich aber darüber rede, daß es auch hätte anders kommen können, rede ich über Freiheit. Und wo ich über Freiheit rede, rede ich über Verantwortung. Thukydides hat mit seinem Buch über den Peloponnesischen Krieg auch eine Sicht der Katastrophe angeboten, in der man Perikles von der Verantwortung für die Katastrophe freisprechen kann. Eine plausible Erklärung (und, wie gesagt, auch eine von anderem Typus als die in der Tradition des Thukydides) steht also immer in einer Spannung zur politisch-moralischen Kategorie der Verantwortung.

Daß es immer eine gewisse Spannung zwischen Erklärungen und Fragen nach Verantwortlichkeiten gibt, ist nicht aus der Welt zu schaffen, aber ich habe eine lange Zeit gedacht, dieses Problem sei dilemmatisch und im Grunde könne man sich mit seiner Existenz nur abfinden. Seit der Lektüre von Saul Friedländers „Das Dritte Reich und die Juden" glaube ich das nicht mehr. Es ist kein theoretisches Argument gewesen, das ich in diesem Buch gefunden, und das mich dazu gebracht hätte, die Sache anders zu sehen. Es ist die gelingende historiographische Praxis dieses Werks gewesen – sein Stil. Wenn Saul Friedländer heute der Geschwister-Scholl-Preis für dieses Buch verliehen wird, so wird er ihm für ein Buch verliehen, das zeigt, wie durch eine bestimmte *Form* der Darstellung Geschichte so geschrieben werden kann, daß in ihr die Dimension der Freiheit, damit der Verantwortung und damit die der Moral nicht verschwindet.

Ein moralisch engagiertes Buch zu schreiben, ist leicht, und es gibt wenige Bücher über den Nationalsozialismus, die nicht auch moralisch engagiert wären. Aber es geht nicht darum, moralische Maßstäbe an das Geschehen anzulegen und zu der wenig überraschenden Erkenntnis zu kommen, daß ein Massenmord unmoralisch sei. Das Läppische dieser Feststellung – und damit so vieler Stellungsnahmen zu den deutschen Verbrechen zwischen 1933 und 1945 – liegt unmittelbar zu Tage und produziert immer wieder Gegenreaktionen. Es geht darum, Geschichte so zu schreiben, daß verständlich ist, wie es dazu hat kommen können, wie die Voraussetzungen bestimmter Ereignisse beschaffen gewesen sind, die sein Zustandekommen möglich und damit bis zu einem gewissen Grade wahrscheinlich gemacht haben, aber gleichzeitig auch so, daß sichtbar bleibt – oder erst wird –, daß die Ereignisse Taten gewesen sind, die hätten unterbleiben können, wenn die, die sie begangen haben, es anders gewollt hätten. Dieses zusammenzubringen ist das Ziel Saul Friedländers gewesen – er zeigt es durch das Motto, das er seinem Buch vorangestellt hat, den Satz, den Hermann Göring vor fast genau sechzig Jahren gesagt hat: „Ich möchte kein Jude in Deutschland sein", ein Satz, in dem sich das Bewußtsein der Freiheit, etwas zu tun, was man, wollte man es anders, auch hätte unterlassen können, ausspricht. Ein Satz, in dem einer der Akteure inmitten dessen, was in der späteren Darstellung gerne zum Katarakt der Ereignisse gerät, in dem alle – Täter, Opfer, Zuschauer – von Stufe zu Stufe geschwemmt werden, festhält, daß hier Menschen am Werk waren, die von ihrer Freiheit zu handeln bewußten Gebrauch gemacht hatten.

Und doch beschreibt Saul Friedländer sehr genau, wie die Umstände beschaffen waren, unter denen dieses mörderische Handeln für die Handelnden und für so grauenhaft viele, die un- oder nur wenig beteiligte Zeugen waren, plausibel und gerechtfertigt (und in diesem Sinne notwendig) erschien. Ich meine vor allem das Kapitel über jene Form, in der traditioneller religiös fundierter Antijudaismus und moderner Antisemitismus – beides für sich genommen keine deutschen Eigenarten – sich zum spezifisch deutschen „Erlösungsantisemitismus" verbanden, welche seine Träger waren und unter welchen Umständen er zu einem Massenphänomen wurde, das auch explizite

Gegner des Nationalsozialismus teilten. Die Behauptung, daß es einen besonderen deutschen Antisemitismus gegeben habe und die Rekonstruktion seiner Entstehung, die Behauptung also, daß es *kein* Zufall gewesen sei, daß es in Deutschland *und in keinem anderen Land* zum Holocaust gekommen ist, ist nicht identisch mit der Behauptung, in Deutschland habe es *zwangsläufig* zum Holocaust kommen *müssen*.

Das sollte, obwohl in öffentlichen Debatten das eine mit dem andern leidenschaftlich gern verwechselt wird, nicht besonders schwierig einzusehen sein. Ganz etwas anderes ist es, eine Schreibweise zu finden, die es erlaubt, diese Einsicht auch zu *zeigen*, das heißt, nicht thesenhaft hinzustellen, sondern als Ergebnis der Darstellung im Leser zu evozieren. Das ist ein Kunststück. Wir sollten nicht vergessen, daß große Geschichtsschreibung immer auch eine Form der Kunst ist.

Saul Friedländer gelingt sein Vorhaben vor allem durch den stetigen Wechsel der Analyseebenen. Er schreibt nicht „von oben nach unten", das heißt von der Ebene der unpersönlichen Strukturen hinunter auf die der politischen Hauptakteure und von dort hinab auf die der vielen Rädchen im Getriebe und schließlich zu den Opfern, sondern es ist immer gleichzeitig alles im Spiel. Friedländer wechselt beständig zwischen Reflexion und Detaildarstellung, Analyse der Entscheidungen und programmatischen Erklärungen der politischen Führung und der der Lokalgrößen, er zeigt, wie sich die Verfolgung der deutschen Juden als Prozeß darstellt und was er im Einzelnen bedeutet – und für die Einzelnen, Täter wie Opfer. Friedländer erfaßt das Unpersönliche und das Persönliche dieser Katastrophe und er läßt dadurch den

Leser nicht vergessen, worüber er hier informiert wird: über unendliches Leid. Daß dieses Leid, das wir so gerne und so verdächtig schnell „namenlos" und „unvorstellbar" nennen, namhaft gemacht werden kann und vorstellbar wie anderes menschliches Leid eben auch vorstellbar gemacht werden kann. Natürlich kommt jede Darstellung menschlichen Leides an ihre Grenzen, aber sie sind weiter gesteckt als man oft wahrhaben möchte. Aber Friedländer hält auch, und dadurch bekommt die Darstellung von Leid ihre Bedeutung, im Bewußtsein des Lesers die Erkenntnis, daß dieses Leid über Menschen gekommen ist, weil sich andere Menschen auf eine bestimmte Weise verhalten haben und nicht anders. Nicht, weil sie Getriebene gewesen sind, sondern weil sie Menschen gewesen sind, die von ihrer Freiheit Gebrauch gemacht haben.

Es ist darum im Grunde nicht verwunderlich – wenn auch die Leichtigkeit, mit der dies geschieht, erstaunen macht – daß die scheinbaren Dilemmata, die die Historiographie des Nationalsozialismus bisher geprägt haben, in Friedländers Buch einfach verschwinden. Er argumentiert sie nicht vom Tisch, sondern man vergißt sie. Die Frage nach der Rolle Hitlers geht in der Darstellung auf, *in welcher Weise* Hitler ein Klima schuf, das geeignet war, die Ressentiments, diffusen Befürchtungen und Abneigungen unterer Partei- und Staatsfunktionäre virulent werden zu lassen, und zwar je nach individueller Neigung mit der Vorstellung verbunden, ein besonders aktiver Nationalsozialist zu sein, der heldenhaft und freiwillig sein Übersoll erfüllt, oder ein bloß gehorsamer Vollstrecker dessen, was Die-da-oben, die den Überblick haben, für richtig erkennen. Es gehört zur Beschreibung der Freiheit eben auch, zu beschreiben, wie es Menschen gelingt, erfolgreich zu vergessen, daß sie frei sind.

Lassen Sie mich am Ende auf ein Beispiel eingehen. Saul Friedländer hat in seine Darstellung der „Jahre der Verfolgung" die Geschichte eines gewissen Karl Berthold eingewoben. Karl Berthold taucht das erste Mal in Friedländers Buch auf, als es um die Darstellung der Folgen antijüdischen Gesetze vom April 1933 geht. „Die Aprilgesetze und die Ergänzungsverordnungen, die nun folgten, zwangen mindestens zwei Millionen Staatsbedienstete und Zehntausende von Rechtsanwälten, Ärzten, Studenten und vielen anderen, nach angemessenen Beweisen für ihre arische Abstammung zu suchen; derselbe Prozeß verwandelte Zehntausende von Priestern, Pastoren, Gemeindebeamten und Archivaren in Menschen, die lebenswichtige Zeugnisse einwandfreier Blutsreinheit recherchierten und lieferten; wohl oder übel wurden diese Menschen zum Teil einer völkischen bürokratischen Maschinerie, die mit dem Nachforschen, Überprüfen und Aussondern begonnen hatte." Wohlgemerkt, sie wurden es, denn eine Bürokratie ist – das weiß jeder, der weiß welche Anstrengungen es zuweilen kosten kann, von Bürokratien zu bekommen, worauf man im Grunde einen Anspruch hat – per se keine Maschine. „Nicht selten kamen die unwahrscheinlichsten Fälle zum Vorschein, und die Menschen, um die es dabei ging, verfingen sich in dem bizarren, aber unerbittlichen bürokratischen Prozeß, der von der neuen Gesetzgebung ausgelöst wurde. So stiftete in den nun folgenden sechs Jahren das Gesetz vom 7. April Unheil im Leben eines gewissen Karl Berthold, der am Versorgungsamt in Chemnitz angestellt war." Die Perspektive wird gewechselt. Die Bürokratie bekommt eine kafkasche Hermetik – für den, der ihr Objekt wird. „Nach einem Brief des Amtes in Chemnitz vom 17. Juni 1933, der an das Hauptversorgungsamt in Dresden gerichtet war, wurde festgestellt, daß bei dem Kanzleiangestellten Karl Berthold der Verdacht besteht, daß er *möglicherweise* von Vaters Seite *nicht* arischer Abstammung ist." Es geht darum, daß hier Nachbarschaftsklatsch Politik wird. Bertholds Mutter, vor sechzehn Jahren verstorben, soll ein Verhältnis mit einem jüdischen Zirkuskünstler gehabt haben. Aus diesem Klatsch wird eine rege, ebenso gewissenhafte wie vollkommen wahnsinnige gutachterliche Tätigkeit, in der es darum geht, was für und was gegen die Wahrscheinlichkeit, Karl Berthold habe einen jüdischen Vater gehabt, spreche. Die Erziehung durch den Vater der Mutter spreche für ihn, da sie in nationalem Geiste erfolgt sei und gegen die eventuelle jüdische Abstammung aufzurechnen sei (1933 – nach den Nürnberger Gesetzen wäre das kein zugelassenes Argument mehr gewesen), auch sehe Berthold eigentlich nicht jüdisch aus. Aber der Verdacht besteht, die Sache muß geklärt werden, das Innenministerium wird mit der Sache befaßt, es gibt das Gutachten eines Rasseforschers, der sich unter anderem mit der Frage befaßt, ob man annehmen könne, Karl Berthold sei der Sohn eines Vaters, der zur Zeit der Zeugung erst 13 Jahre alt gewesen sei. Der Gutachter weist auf die seiner Ansicht nach bei Juden besonders früh einsetzende Geschlechtsreife hin. Schon haben wir das nächste Element: die Möglichkeiten, die das Regime Menschen gibt, ihren pornographischen Phantasien einen öffentlichen Raum zu geben. Was im Falle eines Julius Streicher bizarr und fremd wirkt, bekommt hier sein alltägliches Gesicht. Auch der Hinweis, jener angebliche Vater Bertholds sei zum Zeitpunkt der Zeugung gar nicht 13, sondern erst 11 Jahre alt gewesen (die Mutter 14 Jahre älter) ändert nichts. Dieses Politikwerden privater Bosheit ist seinerseits ein Massenphänomen. Und eines, das auf allen Ebenen ein Echo findet, das den Grundton verstärkt. An diesbezüglichen Gutachten ist u. a. die von Otmar von Verschuer geleitete Abteilung für Erblehre im Kaiser-Wilhelm-Institut beteiligt.

Karl Berthold beginnt einen Kampf gegen die nationalsozialistische Bürokratie, den ich hier nicht im Einzelnen darstellen kann – Berthold widerspricht, macht Eingaben, entfaltet eine (wir würden in anderen Fällen sagen:) hohe querulatorische Energie und schließlich landet im Jahre 1939 eine seiner Eingaben auf dem Schreibtisch von Rudolf Heß, Hitlers Stellvertreter. Zunächst sieht es so aus, als würde die Entscheidung gegen Berthold fallen, dann entschließt sich Heß anders: Berthold darf seine Stelle in Chemnitz behalten. „Die Geschichte Karl Bertholds", schreibt Saul Friedländer, „in den ersten sechs Jahren des Regimes zeigt im Kleinen, wie eine moderne Bürokratie der effiziente Lieferant von Ausschließung und Verfolgung sein konnte und sich zugleich dadurch bremsen ließ, daß ein Individuum die Schlupflöcher des Systems, die Mehrdeutigkeit der Verfügungen und die unendliche Vielfalt individueller Situationen ausnutzte. Wären Partei und Staat in den dreißiger Jahren nicht entschlossen gewesen, alle mit Juden zusammenhängenden Fragen bis ins kleinste Detail zu behandeln und insbesondere alle juristischen oder verwaltungsmäßigen Ausnahmefälle zu lösen, dann hätte die gesamte Politik schon allein infolge der Komplexität der Aufgabe zum Erliegen kommen können. Das ist vielleicht der bezeichnendste Beweis für die erbarmungslose Hartnäckigkeit der antijüdischen Bemühung, eine Art von Entschlossenheit, die durch bloße bürokratische Routine allein nicht zu mobilisieren gewesen wäre." Am Fall Berthold zeigt Friedländer nicht nur, daß es eben keine bürokratische Maschine gewesen ist, und auch nicht nur, daß es Spielräume individueller Entscheidungen gegeben hat. Sondern er demonstriert an den grotesken Wegen, die die Bertholdschen Eingaben und Demonstrationen nehmen, daß diese Bürokratie gerade dort, wo sie ihrem Opfer hermetisch erschien, eine mit abertausendfachem individuellen Engagement betriebene Sache war. Hätte die Bürokratie der Erfassung tatsächlich wie eine Maschine funktioniert, sie hätte nicht funktioniert.

Saul Friedländers Buch hat das Kunststück vollbracht, beides zu sein: Erklärung lege artis und Demonstration menschlicher Freiheit und Verantwortlichkeit. Wenn ich erklären will, muß ich nicht nach Ursachen hinter den Tatsachen suchen, sondern ernstnehmen, daß Tatsachen Handlungen sind, und daß jede Handlung auch hätte anders ausfallen können. Das ist die Beunruhigung, die Geschichtsschreibung nicht ruhigstellen soll, aber in Erkenntnis transformieren kann. Das ist hier gelungen.

Erlauben Sie mir eine kurze Nachbemerkung. Ich bin gestern mehrfach mit der Erwartung konfrontiert worden, ich werde die Gelegenheit des heutigen Abends nutzen, um die Debatte um die Rede Martin Walsers anläßlich der Verleihung des Friedenspreises des deutschen Buchhandels fortzusetzen oder um zu ergänzen. Saul Friedländer wird in seiner anschließenden Dankadresse, wie ich weiß, etwas dazu sagen. Das Genre „Laudatio" aber ist begrenzt – es ist dazu da, einen Preisträger und sein Werk zu würdigen, nicht dazu, Aktualitäten zu bedienen. Auch sollte jeder Eindruck vermieden werden, es handele sich bei Friedländers Buch vor allem um einen Beitrag zu dem, was hierzulande neuerdings „Gedächtniskultur" genannt wird (und womit meist die besonders kurzlebigen Statements bezeichnet werden), und nicht vielmehr um ein bedeutendes Werk der Geschichtsschreibung. Gleichwohl gibt es einen Satz in der sogenannten Walser-Debatte, der von dem hier Verhandelten so sehr berührt wird, daß ich meine, ihn ansprechen zu können, ohne meinem eigentlichen Auftrag untreu zu werden. Ich meine Klaus von Dohnanyis Satz, die jüdischen Bürger in Deutschland müßten sich natürlich fragen, ob sie sich so viel tapferer als die meisten anderen Deutschen verhalten hätten, wenn nach 1933 „nur" die Behinderten, die Homosexuellen oder die Roma in die Vernichtungslager geschleppt worden wären.

Erstens kommt es darauf an, was der Fall gewesen ist, und nicht auf die Phantasien von jemandem, wer es auch sei, darüber, was gewesen wäre, wenn alles anders gekommen wäre, als es gekommen ist.

Zweitens würde es alle zivilen Maßstäbe auf den Kopf stellen, wenn jemand, der Opfer eines Verbrechens geworden ist, zunächst glaubhaft versichern müßte, er selber sei konstitutionell unfähig dazu, Verbrechen zu begehen – genauer am Beispiel: sei jederzeit bereit und in der Lage, Verbrechen zu verhindern oder sich doch für ihre Verhinderung Risiken auszusetzen, bevor ihm das Recht eingeräumt wird, über Strafe, Entschädigung und seinen Wunsch zu reden, das Verbrechen möge nicht vergessen werden.

Drittens verkürzt von Dohnanyis Satz die Frage, um die es geht, auf ein Modell, das zu simpel ist, das der Wirklichkeit nicht entspricht und darum zum moralischen Raisonnement nicht taugt: hier die Schergen des Regimes, dort eine Bevölkerung, die keinen Heldenmut aufbringt. – Helden sind stets nur wenige. Niemand kann von einem anderen verlangen, ein Held zu sein. Wohl aber kann von jedem verlangt werden, daß er kein Schurke und kein Lump sei. Seit 1945 sind im Zusammenhang mit dem Nationalsozialismus moralische Fragen unzulässig auf die Alternative: dulden oder widerstehen unter Einsatz des Lebens (oft sogar: Mittäter oder Selbstmörder) verkürzt worden. – Ab und zu ist es Menschen gelungen, aus Konzentrationslagern zu fliehen. Vielleicht ist über den Bauern, der sich nicht traute, einen Flüchtling vor SS-Suchtrupps zu verstecken, nicht viel mehr zu sagen, als daß er eben ein Feigling war, wie es die meisten von uns eben sind (und, gewiß, es möge jeder, der nicht das Gegenteil von sich bewiesen hat, sich einrechnen – das ist der Grund, warum wir die, die es nicht sind, bewundern, zuweilen verehren und warum zum Beispiel ein Preis nach zwei solchen Menschen benannt ist). Aber zu reden ist über die Bauern, die auf die Nachricht von Ausbrüchen hin auf eigene patriotische Faust Treibjagden veranstaltet haben; wenig auch über den, der sich nicht traute, Feindsender zu hören, aber viel über seine Nachbarn, deren Anzeige er zu fürchten hatte; einiges über den Professor, der nicht gegen die Maßnahmen gegen seine Kollegen protestierte, aber weit mehr über die, die beflissen ihren jüdischen Kollegen den Handschlag verweigerten und ihren Bibliothekszugang behinderten; wenig über die Beamten, die, weil sie um ihre Arbeit fürchteten, den Vorschriften gehorchten, aber eine Menge über die, die in der Rassenfrage Dienst nach Vorschrift für Verrat am deutschen Volke hielten und so die Maschinerie, die, wie Saul Friedländer zeigt, keine war, sondern eine mit Engagement betriebene Veranstaltung, am Laufen hielten; und so viel über die, denen es straflos freigestanden hätte, sich nicht daran zu beteiligen, Männer, Frauen und Kinder zu erschießen und zu erschlagen, aber das denn doch dem Spott der Kameraden, Weichlinge zu sein, vorzogen. Es geht schließlich nicht um diejenigen, die den Mut nicht hatten, gegen die antisemitische Politik des Regimes zu protestieren, sondern vor allem um die, die – sogar wenn sie Gegner des Regimes waren – die Überzeugung hatten, es gebe ein Judenproblem das (irgendwie) zu lösen sei.

Das Bild einer nur passiven Bevölkerung zu zeichnen, der es allein an dem Heldenmut gefehlt habe, der im Zweifelsfalle jeder Mehrheit fehlt, ist historisch falsch. Die Verkürzung der moralischen Dimension auf die Alternative Held-oder-Märtyrer ist ethisch falsch. Ignatz Bubis hat die Kombination beider Fehler zu einer Vorhaltung an die Adresse der Überlebenden der Shoah und ihre Nachkommen in Deutschland „bösartig" genannt, denn sie verweigert den Opfern eine Differenzierung, die auch anderen Verbrechensopfern zu verweigern nicht nur ein Akt der Verletzung, sondern vor allem der Verweigerung eines selbstverständlichen zivilen Rechtes wäre. Wie sehr erst in diesem Falle. Mag sein, hier lag eine Gedankenlosigkeit vor. Dann wäre dokumentiert, was geschieht, wenn Menschen sich weniger Gedanken machen, als in ihrer Macht und Freiheit steht.

Saul Friedländer

Gebt der Erinnerung Namen

Rede zur Verleihung
des Geschwister-Scholl-Preises

Lassen Sie mich zunächst sagen, daß ich es als eine große Ehre empfinde, in diesem Jahr mit dem Geschwister-Scholl-Preis ausgezeichnet zu werden – nicht nur wegen der Bedeutung dieses Preises an sich, sondern auch, wie Sie sich bestimmt denken können, wegen der Namen, mit denen er verknüpft ist. Hans und Sophie Scholl und ihr Kreis gehörten zu den wenigen echten Märtyrern des antinazistischen Widerstandes in Deutschland. Sie begannen mit ihrem Widerstand viel früher als andere, sie verfügten über keine Machtmittel, und sie gehörten keiner politischen oder militärischen Organisation an, die ihren Initiativen einen gewissen Erfolg hätte sichern können. Sie handelten ohne jede Aussicht auf die Erreichung konkreter politischer Ziele, und je größer ihr Aktionsradius, desto größer auch die Wahrscheinlichkeit, daß sie gefaßt werden würden. Als sie zu ihrer letzten Widerstandsaktion aufbrachen, dürften sie geahnt haben, daß sie zu ihrer Verhaftung und zu ihrem Tod führen würde. Die Geschwister Scholl waren das Beste, was Deutschland in der finstersten und schändlichsten Periode seiner Geschichte aufbieten konnte.

Ich muß gestehen, daß ich die Flugblätter der Weißen Rose seit mindestens dreißig Jahren nicht mehr gelesen hatte. In den letzten drei Wochen jedoch haben mich diese wenigen Blätter wieder in ihren Bann geschlagen. Es ist nicht nur der Mut der Geschwister und der anderen Mitglieder ihres winzigen Kreises, den ich bewundernswert finde; es ist auch ihre bedingungslose Bereitschaft, aus einem fast ausschließlich moralischen Impetus heraus der hohen Wahrscheinlichkeit des Scheiterns und Sterbens ins Auge zu sehen. Anders als die Widerstandskämpfer in den von Deutschland besetzten Ländern Europas konnten die Scholls nicht auf die stillschweigende oder aktive Unterstützung von Hunderttausenden ihrer Landsleute bauen; sie handelten vielmehr gegen die Überzeugungen oder gegen die Gleichgültigkeit der überwältigenden Mehrheit des eigenen Volkes.

Wie so viele andere kann auch ich mich nicht vor der Frage drücken: Hätte ich, wenn ich als Erwachsener unter dem NS-Regime gelebt hätte, den Mut besessen, das zu tun, was die Geschwister Scholl getan haben? Mich als Jude in einem der Gettos, in einer fast ausweglosen Situation also, einer Untergrundbewegung anzuschließen, hätte für mich im Bereich des Möglichen gelegen. Daß ich Mitglied einer nationalen Widerstandsbewegung geworden wäre, erscheint mir nicht nur denkbar, sondern wahrscheinlich. Doch das einsame Heldentum der Geschwister Scholl setzte eine moralische Rigorosität ganz anderer Art voraus, eine Kraft, die außer ihnen fast niemand in Deutschland – oder auch anderswo – aufbrachte.

Kurz nach dem Krieg las ich ein Buch, das mich damals sehr beeindruckte: Oberst Remis „Le Livre du

Courage et de la Peur" (Das Buch vom Mut und von der Angst). Es vermittelte den Eindruck, im besetzten Frankreich sei die Zahl der Helden sehr groß, die der Feiglinge sehr klein gewesen. Die Botschaft der in dieser Zeit gedrehten französischen Filme über die Résistance war die gleiche. Ein Schweizer Film, den ich damals sah, glorifizierte sogar die heroische Haltung der Schweiz in den Kriegsjahren. „La dernière chance" (Die letzte Chance) erzählt die Geschichte einer Gruppe von Juden, die 1942 über die Alpen flüchtet und unter schrecklichen Entbehrungen und Gefahren schließlich den sicheren Boden der Schweiz erreicht, deren Grenzwächter sie mit offenen, schützenden Armen empfangen ...

Die Franzosen brauchten nach Ende des Krieges über zwanzig Jahre, bis mit „Le Chagrin et la Pitié" (Die Trauer und das Mitleid) erstmals ein Film gedreht und gezeigt wurde, der die von Gaullisten und Kommunisten gleichermaßen gehätschelte (und in der Tat von den meisten Franzosen gern geglaubte) nationale Legende entmythisierte. Im Fernsehen wurde dieser Film jedoch wiederum rund zwanzig Jahre später gezeigt. Ein nationaler Mythos läßt sich nur schwer erschüttern, wenn dabei die kollektive Selbstachtung auf dem Spiel steht oder kollektive Schamgefühle heraufbeschworen werden könnten. Mythos und Verdrängung waren nach dem Zweiten Weltkrieg lange Zeit in allen westlichen Ländern die probatesten Beruhigungsmittel. Doch seltsamer- und paradoxerweise drängt sich trotz der Widerstände gegen die Entmythisierung die bittere Wahrheit über diese Vergangenheit im Verlauf der Zeit immer mehr in den Vordergrund. Diese Vergangenheit ist gegenwärtiger denn je. Es ist ein paradoxes Phänomen, das sicherlich der tiefergehenden Reflexion wert ist. Im deutschen Kontext war es in jüngster Zeit Martin Walser, der sich in seiner inzwischen schon berühmten Rede dieses Themas angenommen hat.

Nach Ansicht Walsers ist diese Vergangenheit im Lauf des zurückliegenden Jahrzehnts immer bedrängender geworden. Ich halte diese Einschätzung, wie soeben angedeutet, für zutreffend. Ich möchte jedoch im Gegensatz zu dem, was Walser in seiner Rede offenbar sagen wollte, Zweifel an der These anmelden, die zunehmende Präsenz der Nazizeit im Bewußtsein der Zeitgenossen sei vor allem eine Folge politischer und medialer Instrumentalisierung, eines gedankenlosen rituellen Abfeierns oder einer irgendwie zwanghaften politischen Korrektheit. Obwohl alle diese Elemente vorhanden sind, zweifle ich daran, daß irgend eine Person oder Gruppe in der Lage ist, das Gedächtnis der Öffentlichkeit länger als für sehr kurze Zeitspannen zu manipulieren.

Wenn es eine politische oder kommerzielle Instrumentalisierung des Holocaust gibt, dann beutet sie etwas unabhängig von ihr vorhandenes aus; die ursächlich treibende Kraft dieses Prozesses kann sie nicht sein, so wenig wie sie ihn signifikant prägen kann. Der beste Beweis dafür ist die Tatsache, daß diese Vergangenheit nicht nur in Deutschland und nicht nur bei den Juden in den Mittelpunkt der Aufmerksamkeit gerückt ist, sondern auch in Holland, Frankreich, Italien, der Schweiz sowie zunehmend auch in Großbritannien. Dasselbe gilt natürlich für die Vereinigten Staaten. Für die christlichen Kirchen ist die NS-Vergangenheit ebenfalls zu einem beherrschenden Thema geworden. In der Katholischen Kirche zum Beispiel hat die Erklärung zur Shoah, die der Vatikan im letzten Jahr veröffentlichte, viele Fragen aufgeworfen, ebenso wie neuerdings die Heiligsprechung von Edith Stein.

Oft wird als mögliche Ursache für das unerwartete Auftauchen der Erinnerung die Tatsache benannt, daß seit Ende des Zweiten Weltkrieges zwei Generationen herangewachsen sind; erst jetzt, nach Ablauf einer genügend langen Zeit, sei es, so wird argumentiert, allen Betroffenen möglich, dem Schlimmsten ins Auge zu sehen.

Es könnte indes noch mehr dahinterstecken. Der Nationalsozialismus mit allem, was er geprägt und angerichtet hat – die Ausrottung der Juden vor allem –, ist im Lauf der Jahrzehnte in der Vorstellungswelt des Westens (und vielleicht sogar darüber hinaus) zum Inbegriff des Bösen geworden, „Auschwitz" zur zentralen Metapher für das Böse in unserer Zeit. Man könnte es auch so ausdrücken, daß in unserem Jahrhundert des Völkermords und der Massenschlächtereien die Ausrottung des europäischen Judentums und die anderen Verbrechen des Hitler-Regimes von vielen als das absolute Böse wahrgenommen werden, an dem dann alle Grade des Bösen sich messen lassen.

Die Vorstellung vom Nazismus als Manifestation des „radikalen Bösen" in der Geschichte war schon in den Kriegsjahren nicht nur bei den jüdischen Opfern, sondern auch in einigen christlichen Kreisen mit Nachdruck artikuliert worden. In den Flugblättern der Weißen Rose fand diese Deutung ihren vielleicht beredtesten Ausdruck. Nachdem seit Ende des Weltkrieges weitere Massenvernichtungen geschehen sind – man denke etwa an die von niemandem mehr bestrittenen Verbrechen des

Sowjetsystems –, könnte man annehmen, daß sich im Bewußtsein der Zeitgenossen unterschiedliche Metaphern des Bösen festgesetzt hätten. Es scheint indessen, als habe sich die Position des Nazismus auf dieser schrecklichen Skala eher noch befestigt. Als der Tod Pol Pots gemeldet wurde, konnte man einige Kommentare zu den „Killing Fields" der Roten Khmer lesen, aber viel mehr auch nicht. Demonstranten, die mit roten Fahnen und Stalin-Bildern umherziehen, würden außerhalb Rußlands vermutlich Aufsehen erregen und Unmut hervorrufen. Demonstranten mit Hitler-Porträts und Hakenkreuzfahnen würden Tumulte auslösen. Neuere Untersuchungen haben den steilen Aufstieg und Niedergang des Vornamens Adolf in Deutschland aufgezeigt. Ich bin mir sicher, daß wenn man die Erhebungen auf die ganze westliche Welt ausgedehnt hätte, das fast völlige Verschwinden dieses Vornamens herausgekommen wäre, der allenfalls noch in ultrarechten politischen Randgruppen wohlgelitten sein dürfte. Es handelt sich hier meines Wissens um ein so gut wie einzigartiges Beispiel dafür, daß ein Name aus moralischen Gründen verschwindet.

Wir befassen uns hier nicht mit einer theologischen oder philosophischen Definition des Bösen, sondern mit dessen Wahrnehmung im allgemeinen Bewußtsein. In den Augen der meisten Menschen wächst der Grad des Bösen mit dem Ausmaß des Verbrechens, mit der Natur des verbrecherischen Vorsatzes und mit der Abwesenheit von Schuldgefühlen. Man kann unschwer den Beweis führen – es zu tun, ist an dieser Stelle unnötig –, daß der Nazismus in bezug auf jedes dieser Kriterien bis an eine äußerste Grenze gegangen ist, die sich nicht mehr überschreiten läßt.

Diese besondere „geschichtliche Stellung" des Natio-nalsozialismus bietet eine weitgehende Erklärung für die anhaltende Präsenz der Nazi-Vergangenheit. Ob darüber hinaus für die anhaltende Beschäftigung mit diesem Thema neben dem erwähnten Generationenfaktor auch kulturelle Gründe verantwortlich sind wie die Abkehr vom Fortschrittsdenken und von den Idealen der Auf-klärung, braucht hier nicht erörtert zu werden. Die Quintessenz meiner Überlegungen ist die, daß weder Mediengurus noch Intellektuelle noch organisierte Grup-pen die Präsenz dieser Vergangenheit, ihr akutes Dring-lich-Werden (oder auch ihr eventuelles Verblassen) auf Dauer kontrollieren und manipulieren können. Die Ent-wicklung, die Walser beklagt, ist vielmehr ein tiefgreifen-der, ungesteuerter Prozeß, nicht das Ergebnis irgendwel-cher willkürlichen Machenschaften.

Das bringt mich zum entscheidenden Punkt, zu dem, was meiner Ansicht nach den Kern der Walserschen The-se ausmacht: seine Wahrnehmung einer gleichsam zwang-haften Beschäftigung der Deutschen mit dem Holocaust in der Art einer moralischen Pflichtlektion, verabreicht mittels Mediendarstellungen, intellektuellen Debatten und Gedenkprojekten wie dem geplanten Holocaust-Mahnmal in Berlin, von dem Walser sagt, es verkörpere eine „Monumentalisierung der Schande" im Herzen der deutschen Hauptstadt. Walser greift sogar zu noch stär-keren Formulierungen, indem er erklärt, jeder Deutsche, der sich den stillschweigend vereinbarten moralischen Verpflichtungen verweigere, mache sich verdächtig. „Aber in welchen Verdacht gerät man", fragt Walser rhetorisch, „wenn man sagt, die Deutschen seien jetzt ein normales Volk, eine gewöhnliche Gesellschaft?"

Ich werde mich gleich zu Walsers Frage äußern, aber vorher kurz folgendes: Ist es nicht merkwürdig, daß ein Publikum, das vor zwei Jahren Daniel Goldhagen zugejubelt hat, jetzt Martin Walser applaudiert. Es geht hier um diametral entgegengesetzte Positionen. Ist das ein Zeichen einer generationellen Spaltung oder einer anhaltenden Verwirrung?

Was Walsers Frage betrifft, so ist meine Antwort:

Die Deutschen *sind* jetzt ein normales Volk, eine gewöhnliche Gesellschaft wie jede andere. Niemand, der dies ausspricht, sollte und würde deswegen in irgendeinen Verdacht geraten. Aber ist eine normale Gesellschaft eine Gesellschaft ohne Erinnerung, eine, die sich der Trauer entzieht, eine, die sich von der eigenen Vergangenheit abwendet, um nur noch in der Gegenwart und Zukunft zu leben? Ich nehme an, daß Martin Walser dies nicht suggerieren wollte. Ein Aspekt der Sache verlangt jedoch nach einigen weiterführenden Bemerkungen.

Jede Gesellschaft gedenkt traditionell *ihrer* Helden und *ihrer* Toten, einschließlich der Opfer von Kriegen, auch wenn es Kriege sind, mit deren Zielen man sich nicht identifizieren kann. Die Gedenkwand für die amerikanischen Gefallenen des Vietnamkriegs in Arlington ist das eindrucksvollste jüngste Beispiel eines solchen Mahnmals. Die Ausrottungen der Nazis hatten jedoch nichts mit herkömmlichen Kriegen, ob sie gerecht oder ungerecht waren, zu tun. Es ist das erste Mal in der neueren Geschichte, daß eine Gesellschaft nicht ohne weiteres ihrer Toten gedenken kann, ohne einen Schritt über das traditionelle Nationalgefühl hinauszugehen. Wäre es dann nicht ein Gebot der Logik zu sagen, daß in diesem speziellen Fall für das Gedenken ebenfalls andere als die herkömmlichen Regeln gelten sollten? Wäre es nicht historisch und moralisch verständlich und notwendig, daß eine vollkommen normale Gesellschaft einer vollkommen unnormalen Vergangenheit auf außergewöhnliche Weise gedächte? Warum sollte nicht, anders formuliert, eine vollkommen normale Gesellschaft eingedenk dieser ganz ungewöhnlichen Vergangenheit zunächst und vor allem die Opfer ihrer eigenen Politik betrauern? Das heißt ja nicht, daß die einzelne Person, die einzelne Familie oder die örtliche Gemeinschaft nicht mehr um ihre *eigenen* Toten trauern sollen, um Menschen, die meistens allenfalls indirekt in die Verbrechen des Regimes verwickelt waren. Es bedeutet allerdings, daß die individuelle, familiäre oder an einem Ort geäußerte Trauer um die Toten unterscheidbar sein muß von den Gedenkritualen der Gesellschaft als ganzer, als kollektiver geschichtlicher Einheit.

Wie man gedenkt, darüber muß man entscheiden, und im Falle des für Berlin geplanten Mahnmals hat man bekanntlich verschiedene und komplizierte Wahlmöglichkeiten. Die Entscheidung zu treffen ist zweifellos Sache der Deutschen und nicht irgendwelcher Außenstehenden. Andererseits hat die deutsche Öffentlichkeit in den vergangenen zehn Jahren gezeigt, daß es ihr wichtig ist, ihre Gedanken zu diesem Thema mit anderen zu teilen, und so hoffe ich, man wird es mir nicht als Anmaßung auslegen, wenn ich zum Abschluß meiner Ausführungen etwas über die Holocaust-Gedenkstätte sage, besonders auch mit Blick auf Walsers Äußerungen.

Martin Walser wendet sich gegen die Errichtung einer monumentalen Stätte der Erinnerung an die „nationale Schande" im Herzen Berlins. Doch muß diese Erinnerungsstätte unbedingt monumental ausfallen, muß sie ständig Verletzungen zufügen? Eines möchte ich auf Grund der historischen Erfahrung mit dieser Vergangenheit festhalten: Die Abwesenheit eines Mahnmals wird eine Leere hinterlassen, die eine ständige Quelle bittererer Debatten sein würde als die Diskussion um die Gedenkstätte. Es geht mir nicht um einen konkreten Vorschlag, sondern um die Bestimmung von Elementen, die zu solch einer Gedenkstätte gehören sollten. Sie muß sich an den Intellekt wie an die Emotionen wenden, wenn sie auch den kommenden Generationen zugänglich sein soll. Deswegen sollte die Gedenkstätte weder zu abstrakt, noch sollte sie ein Forschungszentrum sein, das sich nur an den Intellekt wendet.

Vielleicht kann die Gedenkwand von Arlington einen Weg zur Lösung dieses Problems weisen. Ich weiß, daß der Vorschlag einer Namenstafel von Anfang an in der Diskussion war. Aber es muß ja nicht eine monumentale Tafel mit hunderttausenden oder millionen Namen sein. Man müßte eine Auswahl treffen, repräsentativ für die Länder, Regionen, Gemeinden. Dazu aber sollte ein wesentliches Element hinzugefügt werden. Einige unter Ihnen kennen vielleicht das von Serge Klarsfeld herausgegebene Erinnerungsbuch an etwa zweitausend der aus Frankreich deportierten jüdischen Kinder. Es finden sich darin nicht nur die Namen dieser Kinder, sondern auch biographische Angaben und Bilder jedes einzelnen. Das Buch trifft den Leser mit außerordentlicher Wucht, gerade weil es so wenig zu sagen gibt über Leben, denen zu einem so frühen Zeitpunkt ein gewaltsames Ende gesetzt worden ist, über Kinder, die im Alter von drei oder fünf oder zwölf Jahren ermordet wurden. Könnte man nicht, falls man sich für eine Wand oder Platte aus Stein oder

Stahl mit den eingravierten Namen von Opfern entscheiden sollte, die Namen von ermordeten Kindern auswählen, ergänzt durch die wenigen biographischen Daten, die für jedes von ihnen vorliegen mögen? Die Beschränkung auf Kinder – das heißt auf das Symbol der Unschuld – ist dabei keineswegs als wohlfeiles Mittel für die Schürung von Emotionen gedacht, sondern als Anstoß für künftige Generationen, sich den Geschehnissen anhand ihrer extremsten Auswüchse zu nähern.

Könnte man sich nicht vorstellen, daß eines Tages deutsche Kinder, die vor einer solchen Wand oder Platte stehenblieben, sich fragten: Warum mußte dieses Kind im Alter von nur sieben Jahren sterben, warum dieses andere mit drei Jahren? Warum wurden diese Kinder von der Insel Rhodos abtransportiert, warum jene aus Norwegen, aus Warschau, aus fast allen Ländern Europas, aus Berlin, Düsseldorf, Köln oder München, um dann an weit entfernten Orten getötet zu werden? Wäre ein solches Mahnmal ein dauerhaftes „Monument der nationalen Schande", oder würde es nicht vielmehr – um Thomas Laqueur zu paraphrasieren – Stimmen, die Namen rufen, zum Klingen bringen?

Könnte man sich nicht vorstellen, daß in Zukunft Kinder, die vor einem solchen Mahnmal innehielten, sich nicht nur nach den Toten und dem Warum erkundigten, sondern auch danach fragten, ob es Deutsche gab, die versuchten zu helfen, zu opponieren, Widerstand zu leisten? Man würde ihnen antworten, daß nur wenige versuchten zu helfen, zu opponieren und unter Einsatz ihres Lebens Widerstand zu leisten, daß es aber doch ein „anderes Deutschland" gab und daß seine heroischsten Märtyrer Hans und Sophie Scholl waren.

Ansprachen

Andreas Heldrich

Rektor der Ludwig Maximilians-Universität

Christoph Wild

Vorsitzender des Verbandes Bayerischer Verlage
und Buchhandlungen

Christian Ude

Oberbürgermeister der Landeshauptstadt München

Andreas Heldrich

Grußwort

Wir stehen in diesen Wochen im Bann einer Kontroverse, die Martin Walser mit seiner Frankfurter Rede am 11. Oktober 1998 angestoßen hat. Die Debatte hat Menschen entzweit, deren Gesinnung über jeden Zweifel erhaben ist. Darin liegt ihre besondere Tragik. Wir alle sind jetzt dazu aufgerufen, aus dieser Auseinandersetzung keine Tragödie, sondern eine fruchtbare Diskussion entstehen zu lassen. Die Verleihung des Geschwister-Scholl-Preises bietet dafür eine gute Gelegenheit.

Martin Walser hat sich gegen die „unaufhörliche Präsentation unserer Schande" gewandt, die zum Wegschauen führe. Das historische Geschehen, um das es geht, läßt sich aber mit dem Begriff der „Schande" nur unvollkommen bezeichnen. Hinzu kommt der Begriff der „Schuld", einer Schuld, die für die meisten Betroffenen gerade im Wegschauen lag. Fritz Stern hat dies vor einigen Tagen in einem Vortrag in der Universität das „feine Schweigen" genannt.

Der Umgang mit Schuld ist gerade mit wachsendem zeitlichen Abstand gewiß nicht leicht. Aber die Erinnerung daran wachzuhalten ist eine Voraussetzung der Selbstfindung und der Selbstachtung – im Leben des Einzelnen, wie im Leben eines ganzen Volkes. Dabei dürfen wir die Erinnerung an das Entsetzliche nicht nur als eine Last begreifen, die man abschütteln sollte. Sie ist vor allem auch eine Orientierungshilfe bei der Gestaltung von Gegenwart und Zukunft. Die Erinnerung mahnt uns zur Wachsamkeit, sie schärft das Gewissen und bewahrt uns vor Überheblichkeit. In ihr liegt also auch eine Erfahrung, die wir nutzen können und nutzen müssen.

Die Universität München ist entschlossen, diese Chance zu ergreifen. Deshalb danken wir dem Verband Bayerischer Verlage und Buchhandlungen und der Landeshauptstadt München, daß sie auch in diesem Jahr die Verleihung des Geschwister-Scholl-Preises in unserer Großen Aula durchführen. Ich begrüße deshalb zuallererst Herrn Oberbürgermeister Christian Ude und Herrn Dr. Christoph Wild, die gleich anschließend das Wort ergreifen werden. Vielen Dank, daß Sie wieder zu uns gekommen sind.

Besonders herzlich heiße ich den diesjährigen Preisträger, Prof. Dr. Saul Friedländer, und seine Familie, bei uns willkommen. In seinem Buch „Wenn die Erinnerung kommt" hat er uns vor Augen geführt, daß gerade die Rückschau auf das Leben in der Zeit der Verfolgung ein „springender Brunnen" ist, der uns alle bereichert. Aber darauf einzugehen ist nicht meine Aufgabe. Ich begnüge mich deshalb damit, Herrn Friedländer auch in einer anderen Eigenschaft bei uns zu begrüßen: als Professor an unserer Partneruniversität in Tel Aviv. Längst sind ja über den Abgrund, der uns trennt, Brücken geschlagen worden. Dazu gehört auch eine sehr erfolgreiche und freundschaftliche Zusammenarbeit der Universität München mit der Tel Aviv University. Sie hat erst vor einigen Wochen in einem gemeinsamen Symposium von Professoren beider Hochschulen über „Akademische Freiheit" ihren Ausdruck gefunden, an dem auch die Rektorin Nili Cohen und der zukünftige Präsident Itamor Rabinovich teilgenommen haben. Ich darf Sie, sehr verehrter Herr Friedländer, deshalb auch als Kollege von einer befreundeten Universität bei uns willkommen heißen.

Als guten Bekannten herzlich bei uns begrüßen kann ich auch Herrn Prof. Reemtsma. Vielen von uns ist seine sensible und von tiefer Betroffenheit zeugende Rede bei der Eröffnung der Wehrmachts-Ausstellung in unserem Auditorium Maximum noch in lebendiger Erinnerung. Wir danken Ihnen, daß Sie heute die Laudatio auf den Preisträger halten werden.

Sie werden dabei ein illustres Publikum finden. Namentlich hervorheben darf ich Frau Staatssekretärin Ulrike Mascher vom Bundesministerium für Arbeit und Sozialordnung und Herrn Staatssekretär Karl Freller vom Bayerischen Staatsministerium für Unterricht und Kultus. Beide sind Sie neu in Ihrem Amt, für das wir Ihnen Glück und Erfolg wünschen.

Als gute alte Freunde der Universität München begrüße ich Frau Dr. Hamm-Brücher und Herrn Dr. Hans-Jochen Vogel. Sie haben für uns die beiden letzten Weiße-Rose-Gedächtnisvorlesungen gehalten, die eine ganz außerordentliche Resonanz gefunden haben. Dafür heute noch einmal herzlichen Dank.

Die katholische Kirche ist durch Herrn Weihbischof Engelbert Siebler vertreten, der dankenswerterweise auch im Münchner Bündnis für Toleranz, Demokratie und Rechtsstaat mitwirkt. Schon dafür gebührt ihm Respekt und Sympathie.

Ein ganz besonders herzlicher Willkommensgruß gilt den Vertretern unserer jüdischen Mitbürger, vor allem der

Israelitischen Kultusgemeinde München, Frau Charlotte Knobloch. Gerade mit Ihnen, verehrte liebe Frau Präsidentin, verbindet uns eine erfolgreiche und vertrauensvolle Zusammenarbeit, die sich in vielfältigen Zusammenhängen bewährt hat, zum Beispiel bei der Unterstützung unseres neuen Lehrstuhls für Jüdische Geschichte und Kultur.

Wir freuen uns sehr, daß auch frühere Preisträger zu uns gekommen sind. Ich begrüße herzlich Frau Barbara Distel und Herrn Heribert Prantl.

Die Universität München ist dem Geschwister-Scholl-Preis auch deshalb besonders verbunden, weil er das Andenken an den Widerstandskreis der Weißen Rose lebendig erhält. Ich begrüße herzlich in unserer Mitte die überlebenden Angehörigen und Hinterbliebenen aus diesem Kreis, insbesondere Herrn Franz-Josef Müller, Frau Marie-Luise Schultze-Jahn, Frau Anneliese Knoop-Graf und Herrn Heiner Guter. Über die Denkstätte am Rande des Lichthofs sind Sie nun zu einem Teil der Universität München geworden. Ich freue mich immer, wenn ich an den hell erleuchteten Fenstern in unserem Hauptgebäude vorübergehe. Die Universität hat damit einen neuen strahlenden Anziehungspunkt erhalten, der das Vermächtnis der Weißen Rose weitertragen wird.

In diesem Anliegen wissen wir uns einig mit Ihnen allen. Ich danke Ihnen, daß Sie heute zu uns gekommen sind und uns Ihre Zeit und Ihre Aufmerksamkeit schenken. Darin liegt eine ganz selbstverständliche stille Form der Erinnerung, die mehr Gewicht hat als viele Worte. Seien Sie deshalb alle herzlich willkommen in der Universität München.

Christoph Wild

Begrüßung

Der Geschwister-Scholl-Preis ist kein Preis speziell für Literatur über die Zeit des Nationalsozialismus. Er wird jährlich einem Buch verliehen, das „im weitesten Sinne an das Vermächtnis der Geschwister Scholl erinnert" und, wie es in den Statuten heißt, „von geistiger Unabhängigkeit zeugt und geeignet ist, dem verantwortlichen Gegenwartsbewußtsein wichtige Impulse zu geben". Die geistige Auseinandersetzung mit der Geschichte des Dritten Reiches ist jedoch selbst in der zweiten und dritten Generation danach noch von brennender Aktualität. Dies bezeugt die heftige öffentliche Diskussion über die Wehrmachtsausstellung, über ein Holocaust-Mahnmal oder auch über die Friedenspreisrede Martin Walsers. Deshalb können Bücher über diese Zeit unserem Gegenwartsbewußtsein wichtige Impulse geben.

Das Buch, das in diesem Jahr mit dem Geschwister-Scholl-Preis ausgezeichnet wird, tut dies in besonderer Weise. Es ist von Herrn Dr. Saul Friedländer, Professor für Geschichte in Tel Aviv und Los Angeles, den ich mit besonderer Herzlichkeit heute abend hier begrüße. Das Buch trägt den Titel: „Das Dritte Reich und die Juden. Die Jahre der Verfolgung 1933-1939" und ist erschienen im C. H. Beck Verlag in München. Saul Friedländer hat – so ist die Meinung der Kritik – das beste Buch zu diesem

Thema geschrieben. Die Laudatio von Herrn Professor Dr. Jan Philipp Reemtsma, dessen Bereitschaft, heute hier zu sprechen, mich besonders mit Dank erfüllt und freut, wird die herausragenden Qualitäten dieses Buch im einzelnen ausweisen.

Einen besonderen Dank möchte schließlich an Frau Michal Friedländer aussprechen, die eigens aus New York gekommen ist, um diese Ehrung ihres Vaters musikalisch zu umrahmen.

Ich möchte jetzt nicht den Inhalt des Buches zusammenfassen oder einzelne Thesen herausgreifen, sondern nur auf eine einzige Eigenart dieses Buches hinweisen, die mich außerordentlich bewegt hat und die für viele aktuelle Diskussionen eine Orientierung bieten könnte. Gleich in der Einleitung weist Friedländer auf seine „persönliche emotionale Beteiligung" an den Ereignissen hin, die er beschreibt. Diese emotionale Beteiligung ist nur allzu verständlich, wenn man aus seinem ergreifenden autobiographischen Buch „Wenn die Erinnerung kommt" weiß, auf welche Weise er selbst als Kind deutschsprachiger Juden, 1932 in Prag geboren, von der Geschichte des Entsetzens betroffen war.

Wie äußert sich aber in der historisch-wissenschaftlichen Darstellung der Judenverfolgung die emotionale Beteiligung des Autors? Sie kommt so gut wie nie direkt und explizit zum Ausdruck. Sie schlägt sich aber mit um so größerer Wirksamkeit nieder in einer methodischen Eigenart des Buches: Jede verallgemeinernde analytische Aussage wird konfrontiert mit der Erzählung eines individuellen Schicksals, die in doppelter Funktion zum einen als Beleg dient, zum anderen aber, was noch viel wichtiger ist, die emotionale Anteilnahme und die Iden-

tifikation mit einem individuellen Opfer zeigt und beim
Leser erzeugt. Daniel Goldhagen mißversteht m. E. diese
Methode Friedländers, wenn er im *Spiegel* diese Erzäh-
lungen als eindrucksvolle Beispiele bezeichnet, deren
Aneinanderreihung allerdings „eindeutig auf Kosten der
analytischen Strenge gehe". Diese analytische Strenge ist
von Saul Friedländer gerade nicht gewollt. Im Gegenteil:
Wie er in der Einleitung schreibt, möchte er gerade der
Neigung des Lesers entgegenwirken, „durch nahtlose
Erklärungen die Vergangenheit zu domestizieren", d. h.
in den kühlen Abstand rationalen Begreifens zu gehen.
Das Erzählen von Einzelschicksalen ist die einzige Form,
in der das historische Verstehen den Respekt vor diesem
Einzelschicksal bewahren und das Mitgefühl und die
Identifikation mit dem einzelnen Opfer wecken und be-
wahren kann.

Diese Identifikation mit dem individuellen Schicksal
ist dem Autor deshalb so wichtig, weil genau der Mangel
an Identifikation eine der entscheidenden Ursachen für
das Mitläufertum der gewöhnlichen Deutschen war. Dies
zeigt Friedländer eindrucksvoll an „dem umfassenden
moralischen Zusammenbruch der intellektuellen und
geistlichen Eliten". Scheinbar harmlose Ressentiments
gegen Juden oder Klischees des traditionellen religiösen
Antisemitismus – beide heute immer noch verbreitet –
verhinderten z. B. bei Universitätsprofessoren oder bei
den Kirchen den Widerstand gegen die unmenschlichen
antijüdischen Akte des Regimes. Pauschale Vorurteile
gegenüber den Juden führten dazu, daß man den einzelnen betroffenen Juden nicht mehr wahrnahm, sich nicht
mit ihm identifizierte und kein Mitgefühl mit ihm emp-
fand.

Die Wahrnehmung des sich fortlaufend verschärfenden verbrecherischen Unrechts gegenüber den Juden wurde außerdem verhindert durch die Macht pseudoreligiöser Vorstellungen und Bilder in der nationalsozialistischen Weltanschauung. Die Zustimmung zu den positiven Dogmen des Regimes, zu dem Mythos des Führers und dem Mythos der Volksgemeinschaft genügten, um explizite Einwände gegen antijüdische Maßnahmen des Regimes zu untergraben. Mitgefühl mit den Juden hätte Zweifel an diesem Mythos und damit seine Entmachtung, das Aufbrechen des geschlossenen Wahnsystems bedeutet. Die Treue zum Mythos und seinen dogmatischen Festlegungen von Gut und Böse führte zum Wegschauen, zur Verweigerung des Mitgefühls und der Identifikation mit dem von der Verfolgung betroffenen einzelnen Menschen.

Wenn Saul Friedländer in seiner Darstellung der Judenverfolgung den Blick des Lesers immer wieder auf Einzelschicksale lenkt, macht er genau das zur Methode seiner historischen Vergegenwärtigung, was damals bei den Deutschen fehlte: das mitfühlende Hinschauen auf das einzelne Opfer. Dieses vorurteilsfreie und mit offenem Herzen mitfühlende Hinschauen auf die einzelnen Opfer ist die angemessene Form der Erinnerung, und es ist ebenso die wichtigste Voraussetzung dafür, daß nicht mitten in unserer zivilisierten und gebildeten Welt ungeahnte mörderische Potentialitäten zum Ausbruch kommen.

Als ich zum ersten Mal das Motto las, das Saul Friedländer seinem Buch vorangestellt hat, war ich irritiert, bis ich erkannte, daß es den Leser genau für diese fundamentale Bedeutung der mitfühlenden Identifikation sensibilisiert. Als Motto dient ein Satz von Hermann Göring, gesprochen am Ende der berüchtigten Konferenz im Luftfahrtministerium am 12. November 1938, die im Auftrage Hitlers alle Maßnahmen gegen die Juden zentral zusammenfassen sollte und so, wie es in diesem schrecklichen Deutsch hieß, „die Judenfrage zur Erledigung zu bringen hatte". Der Satz Görings lautete: „Ich möchte kein Jude in Deutschland sein." In diesem Satz steckt die kurze Anwandlung, sich in das Schicksal der Juden zu versetzen, gleichzeitig aber die Verweigerung dieser Identifikation und damit die Bereitschaft, im mörderischen Haß alle moralischen und rechtlichen Grenzen skrupellos zu überschreiten. „Ich möchte kein Jude in Deutschland sein." In diesem Satz, ausgesprochen von einem der führenden Männer des Naziregimes, ist in der Tat das drohende Schicksal der Juden im nationalsozialistischen Deutschland zusammengefaßt und besiegelt.

Sehr verehrter Herr Professor Friedländer, ich spreche Ihnen meine tiefe Anerkennung aus für Ihr Buch über die Judenverfolgung im Dritten Reich, für Ihr Zeugnis von einer aus eigenem und mitgefühlten Leid erwachsenen Menschlichkeit, die eingeschmolzen ist in Ihre wissenschaftliche Arbeit als Historiker und die Ihrem Werk einen besonderen Rang verleiht.

Christian Ude

Münchens unrühmliche Rolle

Die von Jahr zu Jahr steigende Zahl der Teilnehmer an
dieser Verleihung beweist, daß ein selbstbewußtes und
kritisches Publikum nicht der vermeintlich fürsorglichen
Bevormundung bedarf, um einen angeblich allgemein er-
sehnten Schlußstrich zu ziehen. Zum 19. Mal verleihen
der Verband Bayerischer Verlage und Buchhandlungen
und die Landeshauptstadt München den gemeinsam von
ihnen gestifteten Geschwister-Scholl-Preis.

Dazu heiße ich Sie auch im Namen der Stadt herzlich
willkommen hier in der Großen Aula der Ludwig-Maximilians-Universität. Und gerne verbinde ich damit auch
diesmal wieder ein herzliches Dankeschön: Es gilt zunächst unserem Gastgeber Prof. Andreas Heldrich. Einen
besonderen Dank richte ich aber auch an die Mitglieder
der Jury.

„Das Dritte Reich und die Juden" lautet der Titel des
Buches von Saul Friedländer, das wir heute mit dem Geschwister-Scholl-Preis auszeichnen. Es ist ein Buch, das
minutiös die fortschreitende Drangsalierung der Juden in
Hitlers NS-Staat dokumentiert, die immer lückenloseren
und immer radikaleren Maßnahmen zu ihrer Eliminie-
rung aus sämtlichen Lebensbereichen, ihre Erniedrigung,
Entrechtung und Enteignung, ihre Stigmatisierung und
Ghettoisierung, ihre Absonderung und Vertreibung. Es
ist ein Buch, das verschiedene Handlungs- und Beteili-

gungsebenen nebeneinander stellt, das Aufschluß gibt über die Zusammenhänge der politischen Agitation der Parteibasis und der Entscheidungen der politischen Führung, das über die Täter und über die verzweifelte Situation der Opfer berichtet und über das Verhalten der Bevölkerung, der intellektuellen Eliten, der Kirchen. Die Zielsetzungen der antijüdischen NS-Politik werden darin ebenso umfassend dargestellt wie die Maßnahmen zu ihrer praktischen Durchsetzung und ihre tatsächlichen Auswirkungen im konkreten Einzelfall.

„Saul Friedländer führt in seinem Buch zusammen," – so beginnt die Begründung der Jury – „was in den meisten Darstellungen zur Geschichte der Verfolgung der Juden in den ersten Jahren des ‚Dritten Reiches' getrennt behandelt wurde."

Einer der Autoren, auf den Saul Friedländer dabei wiederholt Bezug nimmt, ist Victor Klemperer, ein Zeitzeuge, dessen Tagebücher der Jahre 1933-1945 ebenfalls mit dem Geschwister-Scholl-Preis ausgezeichnet wurden (1995).

Das Buch von Saul Friedländer, das wir heute auszeichnen, behandelt die Jahre der Verfolgung von 1933-1939. Es ist der erste von zwei Bänden, die Dokumentation der Deportationen und der Massenvernichtung in den Kriegsjahren bis 1945 steht noch aus.

Trotz dieses vorgegebenen Zeitrahmens macht das Buch aber auch klar, daß die Verfolgung der Juden nicht aus dem Nichts heraus mit dem Tag der nationalsozialistischen Machtübernahme im Jahr 1933 begann. Es wirft auch einen Blick auf die Vorgeschichte, und es wirft auch einen Blick über Deutschland hinaus. Es erinnert daran, wie stark der nationale Antisemitismus bereits am Ende des 19. Jahrhunderts und in den Jahren vor dem Ersten Weltkrieg ausgeprägt war, im kaiserlichen Deutschland wie in vielen anderen europäischen Staaten auch. Und es macht auch deutlich, was die Situation in Deutschland von der in anderen Ländern grundlegend unterschied: Das war zum einen die rasche gesellschaftliche Verbreitung antisemitischer Ressentiments durch Verbände und politische Organisationen. Und das war zum anderen eine systematische Ideologisierung des Antisemitismus in Deutschland, vor allem in seiner rassistischen Ausprägung – das, was Saul Friedländer „Erlösungsantisemitismus" nennt.

Gerade München bot dafür, wie wir wissen, einen besonders fruchtbaren Nährboden. Lange vor der nationalsozialistischen Machtübernahme war München ein wahres Mekka für Rassisten, Rechtsextremisten und fanatische Antisemiten vom Schlage eines Rosenberg, Ludendorff, Göring oder Hitler. In München fanden die Wegbereiter und ihr Chefideologe des rassischen Antisemitismus nicht nur das gedeihliche politische Klima der „Ordnungszelle" Bayern, sondern auch die gesellschaftliche Anerkennung und die finanzielle Unterstützung, die sie brauchten, um groß zu werden und sich zum Losschlagen ermutigt zu fühlen. Hier fand sich jene großbürgerliche Sympathisantenszene ein – angefangen bei den Bruckmanns über die Bechsteins bis zu den Hanfstaengls –, die die Nationalsozialisten im wahrsten Sinne des Wortes erst salonfähig machte.

„Der Gang der Ereignisse, der in Bereiche unbegreiflichen menschlichen Verhaltens führen sollte" – so schreibt Saul Friedländer –, „hat einen gut dokumentierten Anfangspunkt, der im vollen Licht der Geschichte vor uns liegt: die Reihen einer kleinen extremistischen Partei im Bayern der Nachkriegszeit, die nach dem Scheitern ihres 1923 unternommenen Putschversuchs in der neuen Atmosphäre erhöhter politischer Stabilität, wie sie in der deutschen Republik herrschte, zur Vergessenheit verurteilt zu sein schien."

Der Marsch der Nationalsozialisten auf die Münchner Feldherrnhalle, der da angesprochen ist und der sich vor kurzem erst, am 9. November, zum 75. Mal gejährt hat, ist eines von zwei schicksalshaften Ereignissen der deutschen und speziell auch der Münchner Zeitgeschichte, der wir in diesen Tagen sehr intensiv gedacht haben.

Das andere, das waren die Exzesse antijüdischer Gewalt, die vor 60 Jahren, in der Pogromnacht vom 9. auf den 10. November 1938, von München ihren Ausgang nahmen.

Beide Ereignisse, der Hitler-Putsch von 1923 und der Novemberpogrom von 1938, weisen auf die zentrale Rolle hin, die München bei der Verfemung, Verfolgung und Vernichtung der Juden im „Dritten Reich" zukam. Und ein Blick auf den besonderen Eifer, den die einstige „Hauptstadt der Bewegung" an den Tag legte, wann und wo immer es darum ging, Juden auszugrenzen und abzusondern, sie zu schikanieren, zu diffamieren und zu ruinieren, bekräftigt diese Vorreiterrolle Münchens noch. Was immer die politische Führung des NS-Regimes an antijüdischen Maßnahmen anordnete, wurde in München prompt und akkurat ausgeführt. Manches wurde in vorauseilendem Gehorsam erledigt, manchmal wurde daraus sogar Ungehorsam, und man ging eigenmächtig noch radikaler gegen die Juden vor, als es den Machthabern lieb war.

Vor allem in den Anfangsjahren übertraf der national-sozialistische Münchner Oberbürgermeister Karl Fiehler, ein „alter Kämpfer", der schon beim Hitler-Putsch 1923 aktiv dabei war und gemeinsam mit seinem Duzfreund Hitler auf der Festung Landsberg saß, mit seinem Rigorismus noch die Judenpolitik der Reichsregierung. So erging bereits am 24. März 1933 an alle Referate und Einrichtungen der Münchner Stadtverwaltung die Anordnung: „Aufträge an nicht deutsche Firmen werden nicht erteilt. Als nicht deutsche Firmen gelten alle Betriebe, die sich im ausschließlichen oder überwiegenden Besitz oder unter der verantwortlichen Leitung von Ausländern oder Juden befinden, oder als auf marxistischer Grundlage aufgebaute Unternehmungen anzusehen sind. Es wird allen zuständigen Stellen zur Pflicht gemacht, bei jeder Auftragserteilung in dieser Hinsicht die nötige Vorsicht walten zu lassen. In Zweifelsfällen ist eine Anfrage beim ‚Kampfbund für den gewerblichen Mittelstand', München, Barerstraße 14, angebracht."

Zur Erinnerung: Diese Anordnung erging noch eine Woche *vor* der am 1. April 1933 beginnenden Boykott-Aktion gegen jüdische Geschäfte, Warenhäuser, Rechtsanwälte und Ärzte, zu der die Nationalsozialisten aufgerufen hatten. Und auch da war man in München vorzeitig aktiv: Schon am 31. März bezogen hier SA-Männer Posten vor über 600 jüdischen Geschäften, Anwaltskanzleien und Arztpraxen, beklebten Schaufenster jüdischer Läden mit antisemitischen Plakaten. Auch als der reichsweite Boykott aufgrund des verheerenden internationalen Echos schon nach wenigen Tagen wieder abgebrochen wurde, betrieb man in München die Verfolgung jüdischer Gewerbetreibender unbeirrt weiter. Nach wie

vor hatten städtische Lieferanten nur dann eine Chance,
wenn sie sich als „rein deutsch" ausweisen konnten.
Jüdischen Händlern wurde die Zulassung zum Oktober-
fest, zu den Dulten und zu den Versteigerungen des
städtischen Leihamts entzogen.

Wie radikal in München Reichsgesetze ausgelegt wurden, zeigte sich dann beim „Gesetz zur Wiederherstel-
lung des Berufsbeamtentums" vom 7. April 1933, das im
wesentlichen darauf abzielte, Beamte „nicht arischer
Abstammung" aus dem Dienst zu entfernen. Am 18. Mai
1933 „ergänzte" der Münchner Stadtrat dieses Gesetz auf
seine Weise, indem nur noch „arische" Juristen als Pro-
zeßbevollmächtigte der Stadt zugelassen wurden. Zuvor
bereits erging die Anweisung, daß die jüdischen Ärzte
der Münchner städtischen Krankenhäuser nur noch jüdische Patienten behandeln durften und die dadurch
„überzähligen" Mediziner zu beurlauben oder zu entlas-
sen seien. Und das städtische Wohlfahrts- und Jugend-
amt drohte Kliniken und Wohlfahrtsverbänden mit der
Streichung ihrer Stadtgemeindezuschüsse, wenn unter
den angestellten Ärzten „solche sind, die dem israelitischen Glaubensbekenntnis bzw. der jüdischen Rasse an-
gehören".

Daß mit dem „Gesetz zur Änderung der Gewerbe-
ordnung" vom 6. Juli 1938 gerade auch in München
Zwangs-„Arisierungen" in großem Stil einsetzten, ver-
steht sich da fast schon von selbst. 123 jüdische Geschäfte wechselten auf diese Weise noch vor der Pogromnacht
den Inhaber, weitere 198 danach. Die Skrupellosigkeit,
mit der prominente Münchner Nazigrößen sich dabei
die „Rosinen" herausgepickt haben, erscheint aber doch
schier unglaublich. Auch Gerhard Fiehler, der Bruder

das Münchner NS-Oberbürgermeisters, gehörte hier zu den Profiteuren dieser beispiellosen Umverteilung. Er konnte sich das Lederwarengeschäft des Juden Simon Kahn aneignen, einen Laden in bester Innenstadtlage, am Petersplatz 8.

Ein Schlag gegen das jüdische Leben und die jüdische Kultur in München, dem ganz besondere Symbolkraft zukam, war der Abbruch der Münchner Hauptsynagoge fünf Monate vor der Pogromnacht. „Verkehrstechnische Gründe" wurden nach der offiziellen Sprachregelung für dieses Zerstörungswerk vorgeschoben, doch in Wahrheit ging es darum, ein Symbol früherer jüdischer Gleichstellung aus dem Münchner Stadtbild zu tilgen, als das dieses Haus gut 50 Jahre zuvor feierlich eingeweiht worden war.

Die Reihe von Maßnahmen, mit denen die „Hauptstadt der Bewegung" die systematische „Entjudung" vorantrieb, ließe sich beliebig fortsetzen. Doch schon diese wenigen historischen Fakten zeigen: Für die Verfolgung der Juden, wie sie Saul Friedländer in seinem Buch beschreibt, war München das Fallbeispiel schlechthin.

Was in München geschah, war in jeder Hinsicht exemplarisch, nicht nur für den Erfindungsreichtum und die sadistische Brutalität der Täter, sondern auch für die hilf- und wehrlose Ergebenheit der Opfer. Der Appell zur Unauffälligkeit, den der Vorstand der israelitischen Kultusgemeinde München 1935 in der Bayerischen Israelitischen Gemeindezeitung veröffentlicht hat, spricht da für sich selbst. Wörtlich hieß es darin:

„Heute wie jederzeit ist äußerste Zurückhaltung die selbstverständliche Pflicht eines jeden verantwortungsbewußten Juden. Er meidet die großen Gast- und Vergnügungsstätten, er unterläßt überflüssige Promenaden, er zieht den Aufenthalt im eigenen Hause vor. Wer sich zur jüdischen Gemeinschaft bekennt, wer nicht als verantwortungsloser Außenseiter gelten will, muß sein Verhalten in der Öffentlichkeit ebenso wie im eigenen Kreise so einzurichten wissen, wie es die Würde unserer Gemeinschaft und das Bewußtsein der Verantwortung ihr gegenüber erfordert."

Exemplarisch war schließlich auch das Verhalten der Münchner Bevölkerung, das von Unterstützung und offener Zustimmung bis zu betretenem Schweigen reichte, von Schadenfreude bis Gleichgültigkeit, von Haß bis Mitgefühl, von Abscheu und Entrüstung bis zu den seltenen Fällen von Widerstand. Auch die hat es gegeben, auch und gerade in München.

Zu Symbolfiguren dafür wurden die Geschwister Scholl, die am 18. Februar 1943 hier in der Ludwig-Maximilians-Universität bei ihrer letzten Flugblattaktion beobachtet und festgenommen, und nur vier Tage später zum Tode verurteilt und hingerichtet wurden.

Es sind nicht viele Namen des Münchner Widerstands, die uns ähnlich geläufig sind wie die Mitglieder der Weißen Rose um die Geschwister Scholl und Prof. Kurt Huber. Wilhelm Hoegner ist da zum Beispiel zu nennen oder Fritz Gerlich, die frühen Warner und Mahner, oder auch Pater Rupert Mayer, dessen Predigten flammende Appelle gegen den braunen Ungeist waren. Ansonsten aber ist über jene Münchnerinnen und Münchner, die sich dem NS-Terror widersetzten, meist auf eine sehr unspektakuläre Weise, nur wenig bekannt.

Licht ins Dunkel dieses – im Vergleich zu anderen Städten bisher nur ungenügend erforschten Bereichs der

Münchner Zeitgeschichte – bringt die Ausstellung, die noch bis Ende dieser Woche im Münchner Rathaus über „Widerstand, Verweigerung und Protest gegen das NS-Regime in München" gezeigt wird, und das Begleitbuch, das die Stadt dazu herausgegeben hat.

Über kritische Äußerungen aus der Bevölkerung über die Verfolgung der Juden wird allerdings auch da eher wenig überliefert. Ein um so bemerkenswerteres Beispiel bürgerlicher Protesthaltung läßt sich bei Saul Friedländer nachlesen, der in seinem Buch auch aus dem Brief eines Münchner Geschäftsmannes zitiert, der von den Behörden aufgefordert worden war, als Berater bei den Arisierungstransaktionen zu dienen, der sich selbst als Nationalsozialisten, als SA-Mitglied und Bewunderer Hitlers ausgab und der dennoch schrieb:

„Ich war von den brutalen Maßnahmen und dieser Art von Erpressungen an den Juden derart angeekelt, daß ich von nun ab jede Tätigkeit bei Arisierungen ablehne, obwohl mir dabei ein guter Verdienst entgeht. Als alter rechtschaffener ehrlicher Kaufmann kann ich nicht mehr zusehen, in welch schamloser Weise von vielen arischen Geschäftsleuten, Unternehmern etc. versucht wird, die jüdischen Geschäfte, Fabriken etc. möglichst wohlfeil und um einen Schundpreis zu erraffen. Die Leute kommen mir vor wie die Aasgeier, die sich mit triefenden Augen und heraushängenden Zungen auf den jüdischen Kadaver stürzen."

Natürlich bleibt noch einmal ausdrücklich festzustellen, daß offen geäußerter Protest wie dieser die große Ausnahme war. Die Mehrheit der Bevölkerung, die intellektuellen Eliten, die Kirchen, daran läßt auch Saul Friedländer keinen Zweifel, „akzeptierte einfach die vom

Regime unternommenen Schritte und sah weg." „Die Chronologie von Verfolgung, Absonderung, Auswanderung und Vertreibung, die Kette von Demütigungen und Gewalttaten, von Verlust und Beraubung, welche die Erinnerungen der Juden in Deutschland von 1933 bis 1939 prägten, war nicht das, was sich ins Bewußtsein und ins Gedächtnis der deutschen Gesellschaft als ganzer einprägte." So lautet das nüchterne Fazit, das Saul Friedländer am Ende seines Buches zieht.

Was bleibt, ist, das Bewußtsein wenigstens der heutigen und der kommenden Generationen für das Unrecht und die millionenfach begangenen Verbrechen an den europäischen Juden, für ihre Ursachen und ihre schrecklichen Folgen, zu schärfen und lebendig zu halten. Dazu gehört das ehrliche und tabu-lose Erinnern. Dazu gehört aber auch die Konsequenz, aus den bitteren und leidvollen Erfahrungen der Vergangenheit die Lehren für die Gegenwart und Zukunft zu ziehen. Dazu gehört, sich für Toleranz, Demokratie und Rechtsstaat einzusetzen, *bevor* es zu spät ist. Und dazu gehört schließlich auch, gerade für die Landeshauptstadt München – um dies aus gegebenem Anlaß auch bei dieser Gelegenheit mit allem gebotenen Nachdruck zu betonen –, sich um Verständigung und Aussöhnung mit den Menschen in Israel zu bemühen, jede einseitige anti-israelische Stimmungsmache aber mit Entschiedenheit zurückzuweisen.

Saul Friedländer – so endet die Begründung der Preisjury – „leugnet als Historiker, der von der Judenverfolgung selbst noch direkt betroffen war, nicht die eigene emotionale Beteiligung; doch er verweigert sich jeder Neigung zu pauschalen Verurteilungen und kollektiven Schuldzuweisungen. So ist ‚Das Dritte Reich und die

Juden' nicht nur ein herausragendes Werk der Geschichtsschreibung, sondern auch ein Zeugnis großer Humanität.“

Dafür gebührt Ihnen, sehr geehrter Herr Friedländer, unser herzlicher Dank. Zur Auszeichnung mit dem Geschwister-Scholl-Preis beglückwünsche ich Sie sehr herzlich.

Begründung der Jury

Der Stadtrat der Landeshauptstadt München und der Verband Bayerischer Verlage und Buchhandlungen e. V. haben am 23. November 1998 dem Buch

Das Dritte Reich und die Juden
Die Jahre der Verfolgung 1933-1939

von Saul Friedländer

den Geschwister-Scholl-Preis 1998 verliehen.

Die Begründung der Jury lautet: „Saul Friedländer führt in seinem Buch zusammen, was in den meisten Darstellungen zur Geschichte der Verfolgung der Juden in den ersten Jahren des ‚Dritten Reiches‘ getrennt behandelt wurde: die Rolle Hitlers und seiner ideologischen Obsessionen, die Aktivitäten der radikalen Mitglieder der NSDAP, die Einstellungen und Verhaltensweisen der deutschen Gesellschaft und schließlich die Reaktionen der Opfer selbst.

Durch die Verknüpfung der verschiedenen Ebenen gelingt es ihm, die Vielschichtigkeit eines Prozesses deutlich zu machen, der mit erbarmungsloser Konsequenz darauf hinauslief, den Juden in Deutschland die wirtschaftliche Existenz zu rauben, sie gesellschaftlich zu isolieren und in die Emigration zu treiben.

Saul Friedländer präsentiert keine fertigen Erklärungen. Durch die Vielfalt der Perspektiven und die Polyphonie der Stimmen gibt er den Lesern die Möglichkeit, selber Beziehungen herzustellen und Schlüsse zu ziehen. Das auf breitestem Quellenfundament beruhende Werk besticht darüber hinaus durch die kunstvolle Darstellung, die zwischen anschaulichen Beispielen und präzisen Analysen gekonnt die Balance hält.

Als Historiker, der von der Judenverfolgung selbst noch direkt betroffen war, leugnet Friedländer nicht die eigene emotionale Beteiligung; doch er verweigert sich auch jeder Neigung zu pauschalen Verurteilungen und kollektiven Schuldzuweisungen. So ist 'Das Dritte Reich und die Juden' nicht nur ein herausragendes Werk der Geschichtsschreibung, sondern auch ein Zeugnis großer Humanität."

Der Jury gehörten an: Günther Bergmann, Luitgard Kirchheim, Dr. Heribert Prantl, Dr. Renate Schostack, Dr. Tilman Spengler, Dr. Volker Ullrich, Prof. Dr. Reinhard Wittmann.

Die Autoren

Saul Friedländer, Dr. phil., ist Professor für Geschichte an der Universität Tel Aviv und an der University of California, Los Angeles.

Andreas Heldrich, Dr. jur., Professor für Bürgerliches Recht, Internationales Privatrecht, Rechtsvergleichung und Rechtssoziologie, ist Rektor der Ludwig-Maximilians-Universität München.

Jan Philipp Reemtsma, Dr. phil., Professor für Neuere Deutsche Literatur an der Universität Hamburg, ist Vorstand des Hamburger Instituts für Sozialforschung.

Christian Ude ist Oberbürgermeister der Landeshauptstadt München.

Christoph Wild, Dr. phil., Verleger, ist Vorsitzender des Verbandes Bayerischer Verlage und Buchhandlungen e.V.

Die Autoren haben auf ein Honorar für dieses Buch zugunsten der KZ-Gedenkstätte Dachau sowie der Weiße Rose Stiftung e.V. verzichtet.

Saul Friedländer im Verlag C. H. Beck

Das Dritte Reich und die Juden

Die Jahre der Verfolgung 1933-1939
Aus dem Englischen von Martin Pfeiffer
1998. 458 Seiten. Leinen.

„Friedländer setzt neue Maßstäbe. Das betrifft die Fülle seiner
Informationen, die analytische Präzision, die Vielfalt der Perspektiven und Einsichten sowie die Plausibilität des Urteils.
Sein Buch ist sprachlich und stilistisch von außergewöhnlicher
Qualität. Wer dieses Buch gelesen hat, wird es nicht vergessen;
es ist emotional aufwühlend, intellektuell herausfordernd, es
ist wahrhaftig, wie George L. Mosse sagt, das beste Buch, das
es zu diesem Thema gibt."

Ulrich Herbert, Süddeutsche Zeitung

Wenn die Erinnerung kommt

Aus dem Französischen von Helgard Oestreich
2. Auflage 1998. 192 Seiten. Paperback.
(Beck'sche Reihe Band 1253)

Die Juden in der europäischen Geschichte

Sieben Vorlesungen von Saul Friedländer,
Amos Funkenstein, Eberhard Jäckel, Michael A. Meyer,
Jehuda Reinharz, David Sorkin, Shulamit Volkov.
Mit einer Einleitung von Christian Meier.
Hrsg. von Wolfgang Beck
1992. 154 Seiten. Paperback.
(Beck'sche Reihe Band 486)